Pralinenträume

Inhalt

Pralinen-Vorwort

Verehrte Schokoladen- und Pralinenliebhaber,

wir freuen uns, Ihnen mit diesem Buch »Pralinenträume« einen Einblick in die handwerkliche Pralinen- und Schokoladenwelt geben zu dürfen.

Auf unseren Pralinenreisen mit dem Pralinenclub® haben wir zahlreiche Chocolatiers kennen gelernt, die mit viel Liebe und Einfallsreichtum das anspruchsvolle Handwerk der Pralinenfertigung ausüben. Immer wieder begeistern uns Meister-Chocolatiers mit neuen Ideen und kreativen Pralinenspezialitäten, die wir mit den monatlich wechselnden Pralinenclub®-Kollektionen präsentieren.

Mit dem Buch »Pralinenträume« können Sie selbst »schokoladig« Hand anlegen. Meister-Chocolatiers des Pralinenclubs® haben eigens für Sie Rezepte kreiert.

Durch das Arbeiten mit Schokolade werden Sie das hochwertige Genussmittel aus einem völlig neuen Blickwinkel betrachten. Sie erleben mit den ausgesuchten Rezepten »live« unterschiedliche Schokoladenqualitäten, die Kombinationen von Zutaten und das harmonische Abstimmen des Pralinengeschmacks. Die ersten selbst hergestellten Pralinen geben Ihnen ein Gefühl für die tägliche Arbeit der Meister-Chocolatiers.

Pralinen sind die Kür der Arbeit mit Schokolade. Wir wünschen Ihnen viel Freude bei der Pralinen-Heimfertigung, und wenn Sie möchten auch beim Genießen der exklusiven Pralinenclub®-Kollektionen aus der Meister-Chocolaterie.

Ihr Pralinenclub®
Klaus Passerschröer

Wissenswertes vorab

einste Pralinen selbst zu machen ist gar nicht so schwer. Wir zeigen Ihnen, wie es geht, denn etwas Fachwissen über dieses faszinierende Handwerk sollten Sie schon haben. Genaues Arbeiten mit etwas Fingerfertigkeit, Hilfsmittel wie ein Thermometer, ein gutes Zeitgefühl und natürlich allerbeste Zutaten sind dafür erforderlich. Die feinen Köstlichkeiten werden meist von einem Mantel aus Schokolade umhüllt, bedeckt – ein Vorgang, der im Französischen »couvrir« genannt wird und damit schon die wichtigste Aufgabe der Kuvertüre aufzeigt.

Zarter Schmelz

Pralinen werden aus Kuvertüre gefertigt, einer speziellen Schokolade, die sich durch einen höheren Anteil an Kakaobutter als schlichte Tafelschokolade auszeichnet. Durch die Verwendung von Kuvertüre erhalten Pralinen einen schönen glänzenden Überzug.

Speise der Götter

Der Kakaobaum stammt aus den tropischen Wäldern Südamerikas. Sein botanischer Name *Theobroma cacao* – zu Deutsch Götterspeise – lässt vermuten, dass selbst Götter von Schokolade schwärmen. Die Samen des Kakaobaumes sind im rohen Zustand eher unscheinbar. Sie werden erst durch Fermentation, Trocknung und Röstung zu jenen Kakaobohnen, aus denen Schokolade entsteht. Dabei bestimmt schon die Rohware die Qualität des Endproduktes, denn es gibt zwei Grundformen mit zahlreichen Untergruppen. Als Edelkakao bezeichnet man die hochwertigen Früchte der empfindlichen und ertragsarmen Criollopflanzen. Aus ihm werden die besten Schokoladen und Kuvertüren gefertigt. Konsumkakao dagegen stammt von robusteren Forasteropflanzen und ermöglicht die Produktion von Massenware. Durch Brechen, Mahlen und Conchieren – einem Veredelungsprozess –, entsteht die zähflüssige dunkle Kakaomasse. Sie enthält alle farb- und geschmacksgebenden Bestandteile des Kakaos. Darunter auch die für die Pralinen- und Schokoladenherstellung so wichtige Kakaobutter.

In diesem Buch werden die Begriffe »dunkle Kuvertüre« und »Zartbitterkuvertüre« synonym verwendet ebenso wie »Milchkuvertüre« und »Vollmilchkuvertüre«.

Schokolade und Kakaobutter

Je höher der Anteil an Kakaomasse einer Schokolade ist, desto herber ist ihr Geschmack. Zartbitterkuvertüre besteht aus 60 % Kakaomasse und 40 % Zucker, weshalb sie im Handel die Bezeichnung 60/40 trägt. Vollmilchschokolade ist heller, da sie weniger Kakaomasse und dafür Milchpulver bzw. Sahne enthält. Weiße Schokolade besteht nur aus Kakaobutter, Milchpulver und Zucker. Kakaobutter reagiert stark auf Temperaturschwankungen. Bei Raumtemperatur ist sie hart und brüchig und verleiht der Schokolade ihre Festigkeit. Ihr Schmelzpunkt liegt bei etwa 34 °C und damit unterhalb unserer Körpertemperatur. Deshalb zergeht Schokolade mit zartem Schmelz, wenn wir sie auf die Zunge legen.

Gut zu wissen

Wenn man Schokolade einfach nur schmilzt und verarbeitet, erstarrt die Masse im Anschluss daran nur sehr langsam und die Oberfläche ist im festen Zustand»grau«, wie der Fachbegriff besagt. Der Grund für diese Erscheinung liegt in der Kristallbildung innerhalb der Kakaobutter bei Temperaturveränderungen. Wird Kuvertüre erwärmt, verflüssigt sich die Kakaobutter und verliert ihre tragende Eigenschaft. Die schweren Bestandteile setzen sich ab, das Fett schwimmt in Form von Öl obenauf. Beim Erstarren unterbleibt eine Verbindung beider Komponenten und die transparente Kakaobutter bildet bei langem Stehenlassen einen gelblich-weißlichen Film, der auf dem dunklen Hintergrund der restlichen Kakaomasse wie Schimmel aussieht (ohne einer zu sein). Um alle Komponenten nach dem Schmelzen zu einem stabilen Gefüge wieder zu vereinen, muss man kleine Mengen Kuvertüre vorkristallisieren, damit diese Kristalle dann nach und nach die gesamte Kuvertüre wieder verfestigen. Zudem sind die Spannen, in denen Schokolade einwandfrei verarbeitet werden kann, klein. Zartbitterschokolade lässt sich am besten zwischen 30 °C bis 33 °C, Milchschokolade zwischen 30 °C und 32 °C sowie weiße Schokolade zwischen 28 °C und 30 °C verarbeiten. Unterhalb dieser Temperaturen kann die Kuvertüre so verdicken, dass sie sich nicht mehr gut verteilen lässt.

Kuvertüre soll man nie schaumig rühren, denn dann glänzt sie nach dem Abkühlen nicht, die Pralinen sehen matt und stumpf aus.

7

Schokolade ist ein empfindliches Produkt. Sie reagiert auf Hitze, Temperaturschwankungen, Feuchtigkeit und Gerüche. Deshalb lagert man sie am besten in einer luftdichten, geruchsneutralen Verpackung fernab von stark riechenden Lebensmitteln. Der Lagerort soll trocken, dunkel und gleichbleibend kühl (12 °C bis 20 °C) sein.

Schmelzen der Schokolade

Der erste Schritt, um Schokolade verarbeiten zu können, ist das Schmelzen. Dafür benötigt man ein Wasserbad, um sie ohne direkten Kontakt zur Hitzequelle erwärmen zu können. Man zerkleinert die Kuvertüre in gleichmäßige Stücke, gibt sie in eine Schüssel und löst sie unter Rühren im etwa 60 °C warmen Wasserbad auf (s. Seite 50). Wichtig ist, dass Kuvertüre nie über 50 °C erhitzt wird, am besten bleibt man etwas darunter. Insbesondere Milchkuvertüre und weiße Schokolade werden bei zu großer Hitze rau, da der Milchzucker karamellisiert. Zudem ist zu verhindern, dass Schokolade mit Feuchtigkeit in Berührung kommt, denn schon wenige Tropfen Wasser genügen, um sie dicker werden zu lassen.

Temperieren = Vorkristallisieren

Um Pralinen einen seidigen Glanz zu verleihen, muss die vollständig geschmolzene Schokolade vorkristallisiert und auf die richtige Temperatur gebracht werden. Dieses Temperieren ist notwendig, damit sich beim stufenweisen Abkühlen und späteren Einstellen auf 32 °C die richtige Kristallform in der Schokolade bildet. Je kleiner und gleichmäßiger die Kristalle in der flüssigen Schokolade sind, desto feiner und fester ist das Strukturgefüge der erstarrten Schokolade. Ohne Temperieren oder durch falsches Temperieren entstehen große Kristalle, die eine grobe, instabile Schokolade hervorbringen. Es gibt verschiedene Möglichkeiten, Schokolade zu temperieren. Während Chocolatiers die Tabliermethode bevorzugen, ist die Impfmethode ein gutes Verfahren für Anfänger.

Temperieren nach der Tabliermethode

Für das Temperieren nach der Tabliermethode benötigt man eine kühle Arbeitsfläche, vorzugsweise aus Marmor. Darauf gibt man gut die Hälfte bis zwei Drittel der geschmolzenen Schokolade und verstreicht sie mit einem Spatel schnell hin, her und in der Mitte wieder zusammen. Sobald die Kuvertüre beginnt, durch Kristallbildung fest zu werden (bei dunkler Schokolade passiert dies etwa bei 27 °C bis 28 °C), streift man sie ganz schnell vom Tisch in die Schüssel zu der restlichen warmen Kuvertüre und rührt sie unter. Falls die Verarbeitungstemperatur von 31 °C bis 32 °C (Milchschokolade etwa 30 °C bis 31 °C) noch nicht erreicht ist, muss man wieder einen Teil der Schokolade tablieren. Ist die Kuvertüre zu sehr abgekühlt, muss man sie wieder schmelzen.

Temperieren nach der Impfmethode

Bei der Impfmethode werden kalte Schokoladenstückchen in die geschmolzene Kuvertüre gerührt (s. Seite 50). Dafür hackt man Kuvertüre, gibt zwei Drittel davon in eine Schüssel auf einem Wasserbad und erwärmt sie unter ständigem Rühren mit einem Kochlöffel auf maximal 50 °C. Dann nimmt man sie vom Wasserbad, gibt die restliche kalte Schokolade nach und nach zu und rührt diese jeweils unter, bevor man weitere zugibt. Durch das Einrühren schmelzen die kalten Stücke, verteilen ihre Kristalle in der warmen Schokolade und kühlen diese unter Rühren auf 31 °C bis 32 °C ab.

Kontrolle, ob richtig temperiert ist

Vor der Verarbeitung der Kuvertüre sollte man immer ihre Temperatur prüfen, indem man einen Löffel in sie hineintaucht und auf einem Teller abkühlen lässt. Die Kuvertüre ist richtig temperiert, wenn beim Abkühlen ein seidiger Glanz entsteht. Streifen auf einem matten Untergrund sind dagegen ein Zeichen dafür, dass die Kuvertüre zu warm war und lange braucht, bis sie erstarrt.

Verwendung von Pralinenformen

Temperierte Kuvertüre benötigt man nicht nur zum Überziehen von gefüllten Pralinenkörpern und anderen Pralinenrohlingen, sondern auch, um Formen selbst zu gießen. Das ist eine feine Sache, erfordert aber recht viel Zeit und ein bisschen Erfahrung. Einfacher und schneller ist es, fertige Formen zu füllen und zu überziehen. Fachgeschäfte bieten dazu eine Vielzahl von vorgefertigten Hohlkugeln und -schalen aus Schokolade in Blistern – flachen Kunststoffschalen – an. Um Hohlkugeln zu füllen (s. Seite 33), gibt man die Füllung in einen Spritzbeutel und spritzt sie in die

*P*ralinen dürfen beim Überziehen nicht zu kalt sein, sonst kristallisiert die Kakaobutter nicht richtig beim Abkühlen. Die Oberfläche erhält keinen Glanz.

*O*rangenkuvertüre ist
eine Fruchtkuvertüre mit
Orangengeschmack. Sie
wird gerne zum Dekorieren
von Pralinen verwendet.

*F*ür alles gilt: Je frischer
die Zutaten und je hoch-
wertiger die Kuvertüren,
desto besser schmecken
die Pralinen.

Hohlkugeln. Am besten füllt man sie nur bis knapp unter den Rand
und achtet darauf, dass beim Übergang zur nächsten Praline keine
Spitzen stehen bleiben, die über den Rand hinausragen. Die Füllung
darf nicht zu heiß sein, damit die Hohlkugeln nicht schmelzen. Nach
dem Füllen lässt man die Rohlinge je nach Rezept ein paar Stunden
ruhen, damit sich auf den Oberflächen Häutchen bilden können.
Zum Schließen der Öffnungen (s. Seite 33) temperiert man erneut
Schokolade und gibt dann je einen Tupfen darauf. Sind diese erstarrt, kann man die Pralinen überziehen.

Mit Ganache füllen

Eine der beliebtesten Füllungen für Pralinen ist die Ganache, auch
Canache oder Trüffelmasse genannt. Sie besteht aus Kuvertüre
mit Sahne oder Butter. Für Sahneganache kocht man Sahne kurz
auf, gießt sie über gehackte Kuvertüre, rührt die Masse glatt und
lässt sie abkühlen. Für eine Butterganache rührt man weiche Butter
schaumig und rührt flüssige Kuvertüre nach und nach unter. Die
Ganache muss vor dem Abfüllen etwas abkühlen, damit die Formen
nicht schmelzen. Soll die Ganache aufdressiert oder aufgestrichen
werden, lässt man sie auf Raumtemperatur abkühlen.

Rechteckige Pralinen

Marzipanmassen, Nougat, schnittfeste Ganache und Gelee eignen
sich vorzüglich, um eckige Pralinen herzustellen. Praktische Hilfsmittel sind dabei schlichte Holzleisten – z. B. mit 1 Zentimeter
Höhe –, die man auf eine mit Papier oder Folie ausgelegte Arbeitsfläche parallel nebeneinander legt. Streichfähige oder ausrollbare
Massen können dazwischen gut als Platte geformt werden, da die
Höhe der Holzleisten beim Ausrollen eine Begrenzung darstellen.

Der Umgang mit Marzipan

Bei der Verarbeitung von Marzipan ist äußerste Sauberkeit ge-
boten. Man darf es nicht zu kalt verarbeiten bzw. zu lange kneten,
sonst tritt Mandelöl aus und die Masse ist nicht mehr homogen.
Zur Lagerung, auch kurzzeitig, deckt man Marzipan mit Folie ab.

Der schokoladige Überzug

Gefüllte Hohlkörper und andere Pralinenrohlinge werden zum Abschluss mit einem Kuvertüremantel überzogen, entweder indem man sie direkt in temperierte Schokolade eintaucht oder auf der Hand in Schokolade rollt. Wundern Sie sich nicht, dass in den Rezepten zuweilen bis zu 1 Kilogramm Kuvertüre zum Überziehen angegeben ist. Die große Menge ist erforderlich, um die Schokolade richtig temperieren und die Rohlinge darin eintauchen zu können. Oft bleibt dann gut die Hälfte der Schokolade in der Schüssel zurück, die man für ein weiteres Rezept nutzen kann. Für Anfänger in Sachen Pralinen empfiehlt es sich zudem, ein frisches Päckchen Kuvertüre als Reserve im Schrank zu haben.

Überziehen durch Eintauchen

Um eine Praline mit Kuvertüre überziehen zu können, ist eine Pralinengabel von großer Hilfe. Deren lange, dünne Zinken lassen überschüssige Kuvertüre nach dem Eintauchen einfacher abfließen. Zum Überziehen mit temperierter Kuvertüre legt man einen Pralinenrohling auf die Pralinengabel (Bild 1) und taucht ihn einzeln in die Kuvertüre ein (Bild 2). Beim Herausheben lässt man die überschüssige Kuvertüre zunächst etwas über der Schüssel ablaufen, streift sie dann am Schüsselrand oder einem über der Schüssel gespannten Draht ab und setzt die Praline auf Backpapier oder einem Abtropfgitter ab (Bild 3).

Überziehen durch Rollen in der Hand

Für das Rollen in der Hand braucht man etwas weniger Kuvertüre. Dabei empfiehlt es sich, der Hygiene wegen, Latex- oder Einmalhandschuhe zu tragen. Man legt sich etwa vier Trüffel in eine Hand, nimmt mit der anderen Hand etwas temperierte Kuvertüre auf und rollt nun mit beiden Händen die Trüffel, bis sie umhüllt sind. Dann kann man sie z.B. in Kakaopulver oder Puderzucker wälzen. Wenn man eine besonders stabile Hülle für die kostbare Füllung haben will, kann man die Trüffel nach dem ersten Rollen auf Backpapier ablegen, erstarren lassen und ein zweites Mal rollen.

1) Pralinengabel besetzen.

2) Eine Praline eintauchen.

3) Zum Abtropfen absetzen.

Mit Nüssen und Marzipan

Schokolade und Nüsse gesellen sich gern zueinander. Sind beide von höchster Qualität, ist der Erfolg garantiert. Doch nicht nur pur – wie die hier abgebildeten Macadamia-Pralinen von Seite 14 –, auch in Form von Marzipan, Nougat und Krokant sind geschälte Nüsse prädestiniert für Pralinen. Klassisch ist die Kombination mit Mandeln, denn diese bringen, mit Zucker verrieben, feinste Marzipanrohmasse hervor. Beim Nougat wird die Schokolade in die Nuss-Zucker-Mischung gleich mit eingearbeitet. Und knackig-knusprigen Genuss verspricht der Krokant, für den Nüsse mit Zucker karamellisiert werden.

Macadamia-Pralinen

Zutaten für 35 Stück

180 g ungesalzene
Macadamianüsse

250 g Puderzucker

200 g Sahne

1 Prise Salz

100 g Zartbitterkuvertüre

100 g Butter

2 EL Jamaica Rum

Außerdem:

600 g Vollmilchkuvertüre

Zubereitungszeit:
1 Stunde

Ruhezeit:
20 Minuten

Haltbarkeit:
10 Tage

Zubereitung

1 Die Macadamianüsse in einer Pfanne goldbraun rösten. Puderzucker, Sahne und Salz in einen Topf geben, aufkochen und 5 Minuten leise kochen lassen. Die Sahne erkalten lassen.

2 Zartbitterkuvertüre temperieren und auf eine mit Backpapier ausgelegte Platte (30 x 15 Zentimeter) aufstreichen. Kurz vor dem Erstarren mit einem runden Ausstecher von 2,5 Zentimeter Durchmesser kleine Plättchen ausstechen.

3 Die fest gewordenen Plättchen mit einem Abstand von 3 Zentimeter auf ein mit Backpapier ausgelegtes Blech setzen. Auf jedes Plättchen mit einem Tröpfchen weicher Kuvertüre eine Macadamianuss befestigen.

4 Die erkaltete Sahne mit der Butter und dem Rum schaumig schlagen und in einen Spritzbeutel mit Lochtülle Nr. 8 füllen. Über jede Nuss einen dicken Tropfen Buttermasse aufdressieren, so dass die Nuss völlig umhüllt ist. Kalt stellen.

5 Vollmilchkuvertüre temperieren. Die Pralinen hineintauchen und auf Backpapier setzen. Die restlichen Macadamianüsse fein zermahlen und über die Pralinen streuen.

*Eine Kreation der Pralinen-Manufactur Josef Große-Bölting e. K.,
46414 Rhede, Nordrhein-Westfalen*

Nougat-Pralinen

Zubereitung

1 Den Nougat in kleine Stücke schneiden. Die Vollmilchkuvertüre fein hacken und in einem Wasserbad unter Rühren schmelzen. Sie soll bei der Weiterverarbeitung etwa 36 °C warm sein.

2 Unter die warme Kuvertüre den Nougat rühren, bis er aufgelöst ist; hierbei darf die Temperatur 29 °C nicht überschreiten. Die Krokantstreusel unter die aufgelöste Nougatmasse rühren.

3 Zwei Holzleisten parallel nebeneinander auf eine mit Backpapier ausgelegte Arbeitsplatte legen. Die Nougatmasse zwischen die Leisten 1 Zentimeter hoch eingießen. Die Masse erkalten lassen, bis sie schnittfest ist. Das dauert 4 bis 5 Stunden bei 15 °C bis 18 °C.

4 Die Masse mit einem scharfen Messer oder einer Rollharfe in mundgerechte Rechtecke schneiden. Nach Geschmack mit temperierter Kuvertüre dekorieren.

Eine Kreation von Café Peters,
59555 Lippstadt, Nordrhein-Westfalen

Zutaten für 90 Stück

500 g Nussnougat

50 g Vollmilchkuvertüre

100 g Krokantstreusel

Außerdem:

Kuvertüre nach Bedarf

Zubereitungszeit:
30 Minuten

Ruhezeit:
4 – 5 Stunden

Haltbarkeit:
ca. 4 Wochen

Mandel-Nougat-Traum

Zutaten für 30 Stück

100 g Vollmilchkuvertüre

250 g Nussnougat

15 g Knusper Crisp (Reis-Crisp)

15 g Cornflakes

30 ganze geröstete geschälte Mandeln

Außerdem:

150 g Vollmilchkuvertüre

50 g weiße Kuvertüre

Zubereitungszeit:
2 Stunden

Ruhezeit:
30 Minuten

Haltbarkeit:
6–8 Wochen

Zubereitung

1 Die Kuvertüre im Wasserbad schmelzen. Die flüssige Kuvertüre, den festen Nougat, Knusper Crisp und Cornflakes per Hand zu einer spritzfähigen Masse kneten.

2 Die Masse in einen Spritzbeutel mit einer Lochtülle mit 1,5 Zentimeter Durchmesser füllen und auf Backpapier höchstens jeweils 6 Gramm dressieren. Die Pralinen im Kühlschrank abkühlen lassen.

3 Vollmilchkuvertüre auf maximal 31 °C temperieren und die Pralinen darin eintauchen bzw. damit überziehen. Weiße Kuvertüre temperieren, in eine Spritztüte aus Papier füllen, die Spitze abschneiden und dünne Fäden auf die Pralinen spritzen. Je eine Mandel auflegen.

*Eine Kreation der Confiserie Dengel
83543 Rott am Inn, Bayern*

Walnuss-Marzipan-Pralinen

Zutaten für 45 – 50 Stück

100 g Perigord-Walnüsse

20 g Rohzucker

400 g Marzipanrohmasse

25 g Akazien-Honig

Außerdem:

750 g Vollmilchkuvertüre

45 – 50 Walnusshälften

Zubereitungszeit:
2 – 3 Stunden

Ruhezeit:
8 – 10 Stunden

Haltbarkeit:
14 – 21 Tage

Zubereitung

1 Die Walnüsse grob zerkleinern. Den Rohzucker in einer Pfanne goldbraun schmelzen und die Walnüsse untermischen. Auf Backpapier flach verteilen und auskühlen lassen.

2 Die karamellisierten Nüsse in einer Mandelmühle reiben. Mit Marzipanrohmasse und Honig verkneten – nur kurz, sonst tritt Mandelöl aus und die Masse ist nicht mehr einheitlich.

3 Die Masse zwischen Frischhaltefolie auf etwa 1 Zentimeter Höhe ausrollen. Kleine Pralinen ausstechen – die Formen dabei in Alkohol eintauchen – oder schneiden. 8 bis 10 Stunden antrocknen lassen, damit sich jeweils ein Häutchen darauf bilden kann.

4 Vollmilchkuvertüre temperieren und die Pralinen damit überziehen. Je eine ausgesuchte Walnusshälfte als Dekor auf den noch weichen Überzug auflegen.

Eine Kreation der CCC Confiserie Coppeneur et Compagnon GmbH, 53604 Bad Honnef, Nordrhein-Westfalen

Pistazien-Marzipan-Pralinen

Zubereitung

1 Die Marzipanrohmasse mit den gemahlenen Pistazien und dem Kirschwasser zu einer glatten Masse verarbeiten. Mit einem Rollholz auf einer mit Puderzucker bestreuten Arbeitsfläche etwa 1 Zentimeter stark zu einer Platte ausrollen.

2 Die Zartbitterkuvertüre klein hacken, im Wasserbad schmelzen und temperieren. Die Oberfläche der Pralinenplatte dünn mit der Zartbitterkuvertüre abstreichen und erstarren lassen.

3 Die Pralinenplatte wenden und mit einem runden Ausstecher von etwa 2,5 Zentimeter Durchmesser Pralinen ausstechen. Die Rohlinge mit temperierter Zartbitterkuvertüre überziehen. Bevor die Kuvertüre fest ist, mit den Pistazienkernen garnieren.

Eine Kreation von Andreas Bellem, Excellent Confiserie Spezialitäten GmbH
74889 Sinsheim-Dühren, Baden-Württemberg

Zutaten für 90 Stück

460 g Marzipanrohmasse

80 g gemahlene Pistazien

30 g Kirschwasser

Außerdem:

250 g Zartbitterkuvertüre

50 g Pistazienkerne

Zubereitungszeit:
1 Stunde

Ruhezeit:
2 Stunden

Haltbarkeit:
60 Tage

Marzipan mit gebrannten Mandeln

Zubereitung

1 Für die gebrannten Mandeln 80 Gramm Zucker mit 30 Milliliter Wasser unter Rühren erhitzen. Die Mandeln einrühren – sie nehmen eine weiße Farbe an, der Zucker kristallisiert und schmilzt dann wieder. Den restlichen Zucker einrühren. Die Mandeln zum Abkühlen auf einer mit Backpapier ausgelegten Unterlage verteilen.

2 Von den gebrannten Mandeln 150 Gramm fein reiben und mit Marzipan, Puderzucker und Orangenlikör zu einer festen Masse kneten. Die Masse zwischen zwei Holzleisten auf Backpapier 1 Zentimeter dick ausrollen und in 2 x 2,5 Zentimeter große rechteckige Stücke schneiden. Über Nacht ruhen lassen.

3 Zartbitterkuvertüre temperieren und die Marzipanstücke damit überziehen. Noch vor dem Erstarren je eine halbe gebrannte Mandel als Garnierung aufsetzen. Die Pralinen vor dem ersten Verzehr etwa 1 Stunde bei 16 °C bis 18 °C kühl stellen.

Eine Kreation von Albert Möckl, Lanwehr GmbH
89257 Illertissen, Bayern

Zutaten für 100 Stück

100 g Zucker

200 g halbierte, geschälte Mandeln

1250 g Marzipanrohmasse

330 g Puderzucker

100 ml Orangenlikör (z. B. Grand Marnier)

Außerdem:

600 g Zartbitterkuvertüre

gebrannte Mandeln

Zubereitungszeit:
1 Stunde

Ruhezeit:
12 Stunden

Haltbarkeit:
90 Tage bei 15 °C ohne Licht

Vanille-Marzipan mit Himbeer-Ganache

Zutaten für 100 Stück

220 g Vollmilchkuvertüre

160 g Zartbitterkuvertüre

75 g Butter

150 g Sahne

30 g Himbeergeist (40 Vol.-%)

1 Vanilleschote

500 g Marzipanrohmasse

Außerdem:

1 kg Vollmilchkuvertüre

Zubereitungszeit:
80 Minuten

Ruhezeit:
ca. 2 Stunden

Haltbarkeit:
30 Tage

Zubereitung

1 Für die Ganache beide Kuvertüren raspeln, die Butter klein schneiden. Die Sahne aufkochen. Kuvertüre und Butter zufügen und mit einem Schneebesen langsam, nicht schaumig umrühren. Unter die glatte Masse nach und nach den Himbeergeist einrühren. Die Masse in eine Schüssel geben und in den Kühlschrank stellen.

2 Die Vanilleschote längs aufschneiden, das Mark herauskratzen und unter die Marzipanrohmasse wirken. Die Masse auf einer mit etwas Puderzucker ausgestreuten Arbeitsfläche in Quadratform etwa 1 Zentimeter dick ausrollen.

3 Die kalte Ganache leicht durchrühren und auf die Marzipanmasse auftragen. Im Kühlschrank schnittfest werden lassen. In 2 x 2 Zentimeter große Quadrate schneiden und auseinander legen.

4 Vollmilchkuvertüre temperieren und die Pralinenkörper damit überziehen.

Eine Kreation von Walter Imping, Confiserie Imping
48691 Vreden, Nordrhein-Westfalen

Campari-Orange-Gelee-Pralinen

Zubereitung

1 Für das Gelee Orangensaft, Zucker und Agar-Agar unter ständigem Rühren auf 105 °C erhitzen. Leicht abkühlen lassen. Die Gelatine in Wasser einweichen und quellen lassen. Die aufgequollene Gelatine ausdrücken und in den Saft rühren. Den Sud in einen 30 x 40 Zentimeter großen Rahmen gießen und abkühlen lassen.

2 Marzipanrohmasse, Puderzucker und Campari zu einer Masse kneten. Die Marzipanmasse ausrollen und auf die erstarrte Geleemasse im Rahmen geben. Über Nacht kühl stellen. Am nächsten Tag die Platte in 2,5 x 1,5 Zentimeter große Stücke schneiden.

3 Zartbitterkuvertüre temperieren und die Stücke damit überziehen. Orangenkuvertüre temperieren und die Pralinen damit filieren, d. h., eine Spritztüte aus Backpapier drehen, mit Orangenkuvertüre füllen, die Spitze so abschneiden, dass ein kleines Loch entsteht und mit schwingenden Bewegungen feine Streifen über die Pralinen laufen lassen.

Eine Kreation von Albert Möckl, Lanwehr GmbH
89257 Illertissen, Bayern

Zutaten für 128 Stück

510 ml Orangensaft

875 g Zucker

15 g Agar-Agar (Reformhaus)

1/2 Blatt Gelatine

750 g Marzipanrohmasse

300 g Puderzucker

50 g Campari

Außerdem:

800 g Zartbitterkuvertüre

50 g Orangenkuvertüre (Fachhandel)

Zubereitungszeit:
1 Stunde

Ruhezeit:
10 – 12 Stunden

Haltbarkeit:
90 Tage

Früchte-Weichkrokant

Zubereitung

1   Die Sahne mit der Butter auf etwa 50 °C erwärmen. Den Puderzucker in einem kleinen Topf unter Rühren nach und nach auflösen, er soll hellbraun und nicht zu dunkel werden. Den Honig zugeben und ebenso schmelzen. Sofort die warme Sahne zugeben und verrühren. Achtung: Der Zucker wirft Blasen auf!

2   Marzipanrohmasse zugeben und bei schwacher Hitze glattarbeiten. Den Topf von der Kochstelle nehmen und die Mandeln und das Orangeat unterarbeiten. Die Masse sofort auf ein Backpapier geben, etwa 1 Zentimeter dick ausrollen und auskühlen lassen.

3   Vollmilchkuvertüre temperieren. Die Oberfläche der Platte damit abstreichen und erstarren lassen. Die Platte wenden und in etwa 2,5 x 2,5 Zentimeter kleine Stücke schneiden. Die Pralinen in die temperierte Kuvertüre tauchen und an den Seiten überziehen. Die Oberfläche bleibt frei, damit der Krokant sichtbar ist.

Eine Kreation von Andreas Bellem, Excellent Confiserie Spezialitäten GmbH, 74889 Sinsheim-Dühren, Baden-Württemberg

Zutaten für 90 Stück

50 g Sahne

30 g Butter

160 g Puderzucker

20 g Honig

120 g Marzipanrohmasse

180 g geröstete, gehobelte Mandeln

40 g Orangeat

Außerdem:

300 g Vollmilchkuvertüre

Zubereitungszeit:
90 Minuten

Ruhezeit:
1 Stunde

Haltbarkeit:
60 Tage

Honig-
Weichkrokant

Zutaten für 60 Stück

275 g Puderzucker oder Zucker

50 g Sahne

50 g Honig

325 g fein geriebene Mandeln

325 g Marzipanrohmasse

Außerdem:

750 g Vollmilchkuvertüre

250 g dunkle Kuvertüre

Zubereitungszeit:
2–3 Stunden

Ruhezeit:
8–10 Stunden

Haltbarkeit:
14–21 Tage

Zubereitung

1 Zucker in kleinen Mengen (sonst besteht die Gefahr von Klumpenbildung) nach und nach goldbraun schmelzen. Von der Kochstelle nehmen und mit Sahne ablöschen. Honig unterrühren.

2 Die Zuckermasse mit den Mandeln mischen und mit der Marzipanrohmasse verkneten. Nur leicht auskühlen lassen, denn Weichkrokant soll man nicht zu kalt verarbeiten.

3 Die leicht abgekühlte Masse zwischen Frischhaltefolien auf etwa 1 Zentimeter Stärke ausrollen. Mit Metallbackförmchen Pralinen ausstechen (oder schneiden). 8 bis 10 Stunden ruhen lassen.

4 Die Kuvertüren getrennt voneinander temperieren. Die Pralinen nur zur Hälfte mit Vollmilchkuvertüre überziehen. Zum Dekorieren temperierte dunkle Kuvertüre in eine Spritztüte aus Backpapier füllen, die Spitze abschneiden und mit schwingenden Bewegungen feine Streifen über die Pralinen laufen lassen.

*Eine Kreation der CCC Confiserie Coppeneur et Compagnon GmbH
53604 Bad Honnef, Nordrhein-Westfalen*

Butterkrokant–Blättchen

Zubereitung

1 In einem Kupferkessel 100 Gramm Zucker unter ständigem Rühren hell schmelzen. Nach und nach jeweils weitere 100 Gramm in den geschmolzenen Zucker einrühren und wieder schmelzen. Sobald er karamellfarben ist, die Butter zugeben und den Kessel von der Kochstelle nehmen. Die gehobelten Mandeln unterrühren.

2 Eine Marmorplatte mit Puderzucker bestäuben und die heiße Masse darauf geben. Achtung, der karamellisierte Zucker ist sehr heiß! Den Krokant auf der Marmorplatte relativ dick mit Puderzucker bestreuen (bei zu wenig Puderzucker bleibt er am Rollholz haften) und etwa 3 Millimeter dünn ausrollen. Sofort die Platte in Rechtecke schneiden.

3 Die Krokantblättchen auf Zimmertemperatur abkühlen lassen. Vollmilchkuvertüre temperieren und die Krokantblättchen damit überziehen.

Eine Kreation von Albert Möckl, Lanwehr GmbH
89257 Illertissen, Bayern

Zutaten für 150 Stück

500 g feine Zuckerraffinade

125 g Butter

200 g gehobelte Mandeln

Außerdem:

Puderzucker

600 g Vollmilchkuvertüre

Zubereitungszeit:
1 Stunde

Ruhezeit:
keine

Haltbarkeit:
90 Tage bei trockener Luft

Pralinen mit Alkohol

Verzaubert vom Genuss, den man beim Hineinbeißen in eine frische Praline erlebt, erproben Chocolatiers immer wieder neue Rezepturen. Ein Hauch von Alkohol rundet die Kreationen der folgenden Seiten ab. Ob Amaretto, Irish-Cream, Eierlikör, Prosecco oder gar Champagner – nur das Allerfeinste ist für diese Verführungen gerade gut genug. Elegant und unaufdringlich verleihen die edlen Tropfen den Pralinen ihre eigene Note. Bei den hier abgebildeten Trüffeln von Seite 41 passt die mit fruchtigem Orangenlikör aromatisierte Füllung vorzüglich zu Kakaopulver.

Wein-Punsch-Trüffel

Zubereitung

1 Die Sahne mit dem Rotwein aufkochen. Mit Zimt, Nelke und Ingwer würzen. Den Topf von der Kochstelle ziehen. Alle drei Kuvertüren fein hacken und unter die heiße Sahnemischung rühren, bis sie sich aufgelöst haben. Den Rum in die Kuvertürenmasse rühren. Die Masse steif werden lassen.

2 Marzipanrohmasse und Puderzucker schnell zu einem Teig kneten. Zu einer Platte ausrollen und mit einem runden Ausstecher (1,5 Zentimeter Durchmesser) kleine Marzipanböden ausstechen.

3 Die steife Sahne in einen Spritzbeutel mit Lochtülle Nr. 10 füllen und auf die Marzipanböden dressieren. Die Rohlinge 24 Stunden an einem kühlen Ort (nicht im Kühlschrank) ruhen lassen.

4 Dunkle Kuvertüre und Milchkuvertüre getrennt voneinander temperieren. Die Rohlinge mit dunkler Kuvertüre überziehen und mit einem Punkt heller Kuvertüre dekorieren.

Eine Kreation von Eberhard Schell, Schokoladenmanufaktur Schell 74831 Gundelsheim, Baden-Württemberg

Zutaten für 45 Stück

50 g Sahne

50 g Lemberger (Rotwein)

je 1 Prise Zimt, Nelke, Ingwer

je 50 g dunkle und weiße Kuvertüre

120 g Milchkuvertüre

15 g Rum (40 Vol.-%)

200 g Marzipanrohmasse

150 g Puderzucker

Außerdem:

500 g dunkle Kuvertüre

100 g Milchkuvertüre

Zubereitungszeit:
1 Stunde

Ruhezeit:
24 Stunden

Haltbarkeit:
30 Tage

Prosecco-Trüffel

Zutaten für 100 Stück

1 Vanilleschote

420 g Vollmilchkuvertüre

250 g Sahne

20 g Butter

100 g Prosecco

Außerdem:

100 Vollmilch-Hohlkugeln

1 kg Vollmilchkuvertüre

50 g Puderzucker

Zubereitungszeit:
75 Minuten

Ruhezeit:
24 Stunden

Haltbarkeit:
60 Tage

Zubereitung

1 Die Vanilleschote längs aufschneiden und das Mark mit einem Messerrücken herauskratzen. Die Vollmilchkuvertüre in kleine Stücke hacken.

2 Die Sahne mit der Butter und dem Vanillemark aufkochen. Den Topf von der Kochstelle nehmen, die gehackte Vollmilchkuvertüre zugeben und unter die Sahne rühren, bis sie geschmolzen ist. Den Prosecco unterrühren. Die Masse abkühlen lassen.

3 Die abgekühlte Masse in einen Spritzbeutel mit kleiner Lochtülle geben und die Vollmilch-Hohlkugeln damit füllen. Dabei darauf achten, dass die Füllung nur bis knapp unter den Rand reicht. Die gefüllten Hohlkugeln etwa 24 Stunden ruhen lassen.

4 Vollmilchkuvertüre temperieren, in einen Spritzbeutel füllen und auf jede Hohlkugel einen Tupfen setzen, um sie zu verschließen. Die Kuvertüre erstarren lassen.

5 Erneut Kuvertüre temperieren und die Pralinenkugeln darin rollen. Die Pralinen mit Puderzucker bestäuben.

Eine Kreation von Andreas Bellem, Excellent Confiserie Spezialitäten GmbH
74889 Sinsheim-Dühren, Baden-Württemberg

Zum Füllen von Kuvertüre-Hohlkugeln die Creme in einen Spritzbeutel mit Lochtülle füllen, knapp bis unter den Rand in die Formen spritzen und die Kugeln mit je einem Tupfen temperierter Kuvertüre verschließen.

Champagner-Trüffel

Zutaten für 63 Stück

75 g Sahne

20 g Butter

30 g Wildblütenhonig

240 g Vollmilchkuvertüre

110 g Champagner

25 g Marc de Champagne

Außerdem:

63 Vollmilch-Hohlkugeln

etwa 750 g Vollmilchkuvertüre

Puderzucker

Zubereitungszeit:
2–3 Stunden

Ruhezeit:
8–10 Stunden

Haltbarkeit:
14–21 Tage

Zubereitung

1 Die Sahne kurz aufkochen und von der Kochstelle nehmen. Die Butter und den Honig zugeben und unter Rühren vollständig darin auflösen. Die Vollmilchkuvertüre fein hacken, in die heiße Sahnemischung geben und unter Rühren vollständig schmelzen.

2 Champagner und Marc de Champagne unterrühren. Die Masse auf etwa 28 °C abkühlen lassen und in Vollmilch-Hohlkugeln verfüllen. 8 bis 10 Stunden an einen kühlen Ort stellen, bis sich Häutchen auf den Rohlingen bilden.

3 Nach der Reifezeit die Vollmilchkuvertüre temperieren und die Öffnungen der Kugeln mit jeweils einer kleinen Menge davon verschließen.

4 Die Kugeln von Hand in temperierter Vollmilchkuvertüre rollen. In ein Puderzuckerbett legen und darin wenden. Nach dem Erstarren der Kuvertüre die Pralinenkugeln absieben.

Eine Kreation der CCC Confiserie Coppeneur et Compagnon GmbH
53604 Bad Honnef, Nordrhein-Westfalen

Eierlikör-Sahne-Trüffel

Zutaten für 100 Stück

300 g Sahne (33 % Fett)

300 g weiße Kuvertüre (Edel)

20 g Butter

100 g Eierlikör

Außerdem:

100 weiße Hohlschalen
in Herzform

ca. 600 g Zartbitterkuvertüre

Zubereitungszeit:
2 Stunden

Ruhezeit:
8 Stunden

Haltbarkeit:
6–8 Wochen

Zubereitung

1 Die Sahne aufkochen. Die Kuvertüre fein raspeln und in eine Schüssel geben. Die kochende Sahne dazugießen und gut miteinander vermischen. Die Masse auf etwa 40 °C abkühlen lassen. Die Butter dazugeben und unterrühren. Sobald die Masse 30 °C warm ist, den Eierlikör einrühren.

2 Die erkaltete Masse – sie sollte nicht wärmer als 30 °C sein – in eine Spritztüte geben und die Hohlschalen damit füllen. Die Pralinenrohlinge bei etwa 18 °C etwa 8 Stunden ruhen lassen.

3 Für den Überzug Kuvertüre temperieren. Die Pralinen darin eintauchen, überziehen und auf einem Gitter abtropfen lassen.

Tipp Besonders gut schmecken die Pralinen auch, wenn sie mit weißer Kuvertüre überzogen und mit etwas dunkler Kuvertüre garniert werden.

*Eine Kreation der Confiserie Dengel
83543 Rott am Inn, Bayern*

Irish-Cream-Baileys

Zubereitung

1 Beide Kuvertüresorten hacken und in eine Schüssel geben. Die Sahne zum Kochen bringen, über die Kuvertüre gießen und unter Rühren miteinander vermischen. Den Baileys unterrühren. Die Masse auf etwa 26 °C abkühlen lassen.

2 Die leicht abgekühlte Masse in die Hohlkugeln füllen. Die gefüllten Kugeln für etwa 8 Stunden an einen kühlen Ort (nicht in den Kühlschrank) stellen.

3 Kuvertüre temperieren. Etwas Kuvertüre in einen Spritzbeutel mit Lochtülle geben und die Öffnungen der Hohlkugeln mit je einem Kuvertüretupfen verschließen. Nach dem Erstarren die Kugeln in flüssiger Kuvertüre und Mandeln rollen.

Eine Kreation von Café Peters
59555 Lippstadt, Nordrhein-Westfalen

Zutaten für 75 Stück

200 g Vollmilchkuvertüre

40 g weiße Kuvertüre

120 g Sahne

140 g Baileys
Original Irish Cream
(Whiskey-Sahnelikör)

Außerdem:

75 Zartbitter-Hohlkugeln

ca. 200 g weiße Kuvertüre

geröstete, gehobelte Mandeln

Zubereitungszeit:
1 Stunde

Ruhezeit:
8 Stunden

Haltbarkeit:
14 Tage

Amaretto-Sahne-Trüffel

Zutaten für 100 Stück

500 g Vollmilchkuvertüre

170 g Sahne

25 g zimmerwarme Butter

65 ml Amaretto (28 Vol.-%)

Außerdem:

100 Vollmilch-Hohlkugeln

1 kg Vollmilchkuvertüre

Zubereitungszeit:
1–2 Stunden

Ruhezeit:
12 Stunden

Haltbarkeit:
14–21 Tage

Zubereitung

1. Die Kuvertüre fein hacken. Die Sahne auf etwa 60 °C erhitzen. Sobald die Temperatur erreicht ist, die Kuvertüre zugeben und unter Rühren in der Sahne schmelzen.

2. Die Butter langsam unter die Kuvertürencreme ziehen. Die Kuvertürencreme soll dabei auf etwa 29 °C abkühlen. Zum Schluss den Amaretto einrühren.

3. Die Amaretto-Trüffel-Creme bei 26 °C bis 28 °C weiter verarbeiten. Die Creme in einen Spritzbeutel mit Lochtülle geben und in die Hohlkugeln füllen. Die Trüffel bei 18 °C bis 20 °C über Nacht abkühlen lassen, bis sich eine dünne Haut gebildet hat.

4. Für den Überzug die Kuvertüre bis etwa 45 °C schmelzen und auf 28 °C temperieren. Die Trüffel mit einer Pralinengabel in die geschmolzene Kuvertüre tauchen und auf Backpapier absetzen. Die Pralinen nach Wunsch dekorieren. Abkühlen lassen und bei 18 °C bis 20 °C lagern.

Eine Kreation der Confiserie Burg Lauenstein GmbH
96337 Ludwigsstadt, Bayern

Orangenlikör-Trüffel

Zubereitung

1 Beide Kuvertüresorten fein hacken. Die Sahne kurz aufkochen und von der Kochstelle nehmen.

2 Die Butter, den Honig und die Kuvertüren nach und nach in die Sahne geben und unter Rühren vollständig schmelzen. Zum Schluss den Orangenlikör unterrühren.

3 Die Masse auf etwa 28 °C abkühlen lassen und in dunkle Schokoladen-Hohlkugeln verfüllen. Nach 8 bis 10 Stunden Reifezeit die Vollmilchkuvertüre temperieren und die Kugeln mit je einem Tupfen verschließen.

4 Kakaopulver auf einen tiefen Teller geben. Dunkle Kuvertüre temperieren und die Kugeln von Hand in der Kuvertüre rollen. Die Pralinen in dem Kakaobett ablegen und darin wenden. Nach dem Erstarren der Kuvertüre die Pralinenkugeln absieben.

Eine Kreation der CCC Confiserie Coppeneur et Compagnon GmbH
53604 Bad Honnef, Nordrhein-Westfalen

Zutaten für 63 Stück

100 g dunkle Kuvertüre

100 g Vollmilchkuvertüre

150 g Sahne

40 g Butter

50 g Orangenblüten-Honig

60 g Orangenlikör
(z. B. Cointreau)

Außerdem:

63 dunkle Hohlkugeln

150 g Vollmilchkuvertüre

Kakaopulver zum Wälzen

1 kg dunkle Kuvertüre

Zubereitungszeit:
2–3 Stunden

Ruhezeit:
8–10 Stunden

Haltbarkeit:
14–21 Tage

41

Amarena-Traum

Zutaten für 120 Stück

350 g Marzipanrohmasse

150 g Puderzucker

250 g Sahne

100 g Butter

70 g Honig

4 g Meersalz

2 TL Instant-Kaffee

500 g weiße Kuvertüre

50 ml Amarena-Likör

120 Amarenakirschen

Außerdem:

250 g brauner Farinzucker

1 kg Zartbitterkuvertüre

Zubereitungszeit:
105 Minuten

Ruhezeit:
1 Stunde

Haltbarkeit:
14 Tage

Zubereitung

1 Die Marzipanrohmasse mit Puderzucker anwirken, d. h., mit den Händen schnell zu einer einheitlichen Masse verarbeiten. Diese auf einer mit Backpapier ausgelegten Arbeitsfläche ausrollen und mit einem runden Ausstecher von etwa 1,5 Zentimeter Durchmesser Plättchen ausstechen.

2 Für die Amarena-Ganache Sahne, Butter, Honig, Salz und Pulverkaffee aufkochen. Die weiße Kuvertüre fein hacken, einrühren und die Creme abkühlen lassen. Den Amarena-Likör zugeben und die Masse mit den Quirlen einer Küchenmaschine aufschlagen.

3 Die Ganache in einen Spritzbeutel mit 8er-Sterntülle füllen und auf die vorbereiteten Plättchen aufdressieren. Jeweils eine Amarena-Kirsche auflegen. Die Gebilde erstarren lassen.

4 Farinzucker auf einen Teller geben. Zartbitterkuvertüre temperieren. Die abgekühlten Pralinenkörper in die Kuvertüre eintauchen und überziehen. Auf dem braunen Farinzucker absetzen.

Eine Kreation der Fritz Kunder GmbH
65185 Wiesbaden, Hessen

Pralinen mit Aromen

artschmelzende Trüffel

zergehen förmlich auf der

Zunge und sind der Lohn für die kreative Arbeit eines

jeden Chocolatiers. Als Basis für diese Delikatessen

dient auch hier die Ganache, eine unvergleichlich

sanfte und geschmeidige Creme, für die entweder

Butter oder Sahne mit Kuvertüre verarbeitet wird. Als

passende Aromaträger bieten sich etwa Kaffee, Tee,

Ingwer, Kardamom, Vanille und Limette an. Das Rezept

für die auf dieser Doppelseite abgebildeten Limette-

Sahne-Trüffel finden Sie auf Seite 62.

Kaffeepralinen

Zutaten für 45 Stück

50 g Milchkuvertüre

220 g Zartbitterkuvertüre

100 g Sahne

2 TL Instant-Kaffee

20 g Weinbrand

Außerdem:

800 g Vollmilchkuvertüre

45 Espressobohnen

Zubereitungszeit:
1 Stunde

Ruhezeit:
24 Stunden

Haltbarkeit:
30 Tage

Zubereitung

1 Für die Blättchen Milchkuvertüre temperieren und 50 Gramm auf eine mit Backpapier ausgelegte Arbeitsfläche dünn aufstreichen. Mit einem kleinen Ausstecher von etwa 2 Zentimeter Länge 45 feine Blättchen ausstechen.

2 Die dunkle Kuvertüre fein hacken. Die Sahne mit dem Instant-Kaffee aufkochen, von der Kochstelle nehmen und die Kuvertüre einrühren. Den Weinbrand unterziehen.

3 Die Sahnemasse in einen Spritzbeutel mit 10er-Lochtülle füllen und auf die Kuvertürenblättchen rund aufspritzen. Die Pralinen 24 Stunden ruhen lassen.

4 Am nächsten Tag Vollmilchkuvertüre temperieren und die Pralinen damit überziehen. Je eine Espressobohne auf die frisch überzogenen Pralinen setzen.

Eine Kreation von Eberhard Schell, Schokoladenmanufaktur Schell
74831 Gundelsheim, Baden-Württemberg

Trüffel Café

Zubereitung

1   Sahne, Zucker, Vanillemark und Instant-Kaffee zum Kochen bringen. Die Sahne von der Kochstelle nehmen.

2   Die Zartbitterkuvertüre hacken und zusammen mit dem Nougat unter Rühren in der heißen Sahne auflösen. Die Kuvertürensahne auf 40 °C abkühlen lassen.

3   Die Butter mit den Quirlen eines Handrührgeräts schaumig schlagen und unter die abgekühlte Kuvertürensahne mischen. Die Masse in einen Spritzbeutel mit Lochtülle Nr. 6 füllen und zu kleinen Häufchen auf ein mit Backpapier ausgelegtes Blech aufdressieren. Über Nacht im Kühlschrank aushärten lassen.

4   Die Zartbitterkuvertüre temperieren. Die Pralinen mit Hilfe einer Pralinengabel hineintauchen, leicht abklopfen und sofort in Kakaopulver rollen.

Eine Kreation der Pralinen-Manufactur Josef Große-Bölting e.K.
46414 Rhede, Nordrhein-Westfalen

Zutaten für 30 Stück

130 g Sahne

70 g Zucker

Mark von 1 Vanilleschote

8 g Instant-Kaffee

210 g Zartbitterkuvertüre

50 g Mandelnougat

150 g Butter

Außerdem:

600 g Zartbitterkuvertüre

300 g Kakaopulver

Zubereitungszeit:
1 Stunde

Ruhezeit:
12 Stunden

Haltbarkeit:
10 Tage

47

Veilchen-Ganache

Zutaten für 80 Stück

Für die Tupfen:

200 g Vollmilchkuvertüre

Für die Ganache:

100 g Butter

250 g Sahne

100 g Honig

Mark von 1 Vanilleschote

300 g Vollmilchkuvertüre

200 g Edelbitterkuvertüre

20 ml Veilchenaroma

50 ml Maraschino

Außerdem:

1 kg weiße Kuvertüre

kandierte Veilchen

Zubereitungszeit:
3 Stunden

Ruhezeit:
1 Stunde

Haltbarkeit:
14 Tage

Zubereitung

1 Für die Tupfen die Vollmilchkuvertüre hacken, im Wasserbad schmelzen und temperieren. Die Masse in einen Spritzbeutel füllen und in mehreren Reihen 80 Schokotupfen auf eine mit Backpapier ausgelegte Unterlage spritzen. Die Tupfen erstarren lassen.

2 Für die Ganache Butter, Sahne, Honig und Vanillemark aufkochen. Beide Kuvertürensorten fein hacken, unter die Sahnemischung rühren und abkühlen lassen.

3 Veilchenaroma und Maraschino zugeben und alles mit den Quirlen einer Küchenmaschine leicht aufschlagen. Die Creme in eine Spritztüte mit 10er-Lochtülle füllen und Tupfen auf die Schokotropfen dressieren. Erkalten lassen.

4 Weiße Kuvertüre im Wasserbad schmelzen und temperieren. Die Tupfen damit überziehen und kandierte Veilchen auf den noch warmen Überzug aufsetzen.

Info Kandierte Veilchen gibt es in Fachgeschäften und gut sortierten Supermärkten zu kaufen. Veilchenaroma können Sie in Apotheken kaufen.

*Eine Kreation der Fritz Kunder GmbH
65185 Wiesbaden, Hessen*

Zum Temperieren nach der Impfmethode die Kuvertüre klein hacken, zwei Drittel davon in einem Wasserbad unter Rühren schmelzen. Zum Abkühlen auf 31 °C bis 32 °C nach und nach kalte Schokoladenstücke unterrühren.

Chili-Orange-Trüffel

Zubereitung

1 Die Chilischote klein hacken und mit Cayennepfeffer unter den Orangensaft rühren. Den Saft erhitzen und einreduzieren; das dauert etwa 10 Minuten. Den Orangensirup passieren.

2 Die Vollmilchkuvertüre klein hacken und in eine Schüssel geben. Die Sahne aufkochen, über die Kuvertüre gießen und den noch warmen Orangensirup dazugeben. Die Masse unter ständigem Rühren mit einem Rührlöffel leicht glatt arbeiten. Die Masse auf etwa 50 °C abkühlen lassen und den Orangenlikör unterrühren; dabei keine Luft unterschlagen.

3 Die Trüffelmasse mit knapp unter 30 °C in die Hohlkörper einfüllen. Etwas Vollmilchkuvertüre temperieren und mit je einem Tupfen die Löcher schließen. Die Trüffel über Nacht ruhen lassen.

4 Am nächsten Tag Vollmilchkuvertüre temperieren. Zucker und Kakaopulver in einem flachen Gefäß vermischen. Latexhandschuhe anziehen, vier Trüffel in die linke Hand legen, mit der rechten Hand etwas temperierte Kuvertüre nehmen und mit beiden Händen die Trüffel rollen. In die Zucker-Kakao-Mischung legen und das flache Gefäß schütteln. Wenn die Trüffel fest sind, kann man sie herausnehmen.

Eine Kreation von Albert Möckl, Lanwehr GmbH
89257 Illertissen, Bayern

Zutaten für 80 Stück

1 kleines Stück getrocknete Chilischote

0,5 g Cayennepfeffer

250 ml Orangensaft

225 g Vollmilchkuvertüre

190 g Sahne

10 ml Orangenlikör (z. B. Cointreau)

Außerdem:

100 Vollmilch-Hohlkörper

300 g Vollmilchkuvertüre

60 g Zucker

15 g Kakaopulver

Zubereitungszeit:
1 Stunde

Ruhezeit:
12 Stunden

Haltbarkeit:
90 Tage

Teepralinen

Zutaten für 35 Stück

100 g Sahne

4 Beutel kräftiger Assam Tee

200 g Milchkuvertüre

Außerdem:

500 g dunkle Kuvertüre

100 g Milchkuvertüre

Zubereitungszeit:
35 Minuten

Ruhezeit:
24 Stunden

Haltbarkeit:
20 Tage

Zubereitung

1   Die Sahne in einem Topf aufkochen. Die Teebeutel einlegen, den Topf von der Kochstelle nehmen und den Tee etwa 10 Minuten ziehen lassen. Die Teebeutel aus der Sahne entfernen.

2   Die Milchkuvertüre in feine Stücke hacken und in die warme Teesahne einrühren, bis sie sich vollständig aufgelöst hat.

3   Die Masse auf eine mit Backpapier ausgelegte Unterlage etwa 5 Millimeter dick streichen. An einem kühlen Ort in 24 Stunden fest werden lassen.

4   Am nächsten Tag die erstarrte Masse mit einem Messer oder einer Rollharfe in 2 x 2 Zentimeter große Stücke schneiden.

5   Dunkle Kuvertüre temperieren. Die Pralinenrohlinge damit überziehen, absetzen und trocknen lassen. Milchkuvertüre temperieren, in eine Spritztüte füllen, die Spitze mit einer Schere abschneiden und auf jede Praline das Wort »Tee« schreiben.

Eine Kreation von Eberhard Schell, Schokoladenmanufaktur Schell
74831 Gundelsheim, Baden-Württemberg

Grüner Tee-Ingwer-Pralinen

Zutaten für 70 Stück

125 g Sahne

10 g grüner Tee

275 g Zartbitterkuvertüre

20 g kandierter Ingwer

Außerdem:

250 g Vollmilchkuvertüre

20 g kandierte Ingwerstäbchen

Zubereitungszeit:
75 Minuten

Ruhezeit:
30 Minuten

Haltbarkeit:
60 Tage

Zubereitung

1 Die Sahne mit den Teeblättern aufkochen, von der Kochstelle nehmen und absieben. Die Kuvertüre hacken, zur heißen Sahne geben und unter Rühren darin schmelzen. Den Ingwer hacken und unterrühren. Die Masse abkühlen lassen.

2 Eine Unterlage mit Backpapier auslegen. Die abgekühlte Sahne-Tee-Masse darauf etwa 1 Zentimeter dick aufstreichen und erstarren lassen.

3 Die Vollmilchkuvertüre temperieren. Die Oberfläche der Pralinen damit abstreichen und erstarren lassen.

4 Die Platte wenden und in etwa 2,5 x 2,5 Zentimeter kleine Stücke schneiden. Die Pralinen mit Hilfe einer Pralinengabel ganz mit temperierter Vollmilchkuvertüre überziehen und mit je einem Stück kandierten Ingwer garnieren.

Eine Kreation von Andreas Bellem, Excellent Confiserie Spezialitäten GmbH
74889 Sinsheim-Dühren, Baden-Württemberg

Schwarztee-Kardamom-Trüffel

Zubereitung

1 Die Teeblätter mit 20 Milliliter kochendem Wasser übergießen und in 7 Minuten zu einem würzigen Schwarztee ziehen lassen.

2 Sahne, Rum, Tee und Kardamom in einem Topf aufkochen, die Hitzezufuhr reduzieren und etwa 25 Minuten ziehen lassen. Die gewürzte Sahne durch ein feines Sieb passieren.

3 Beide Kuvertüren hacken und in eine Schüssel geben. Die passierte, heiße Sahne zugeben und alles mit einem Schneebesen glatt rühren. Die Ganache auf Zimmertemperatur abkühlen lassen.

4 Die Ganache in die Hohlkugeln füllen. Bitterkuvertüre temperieren und die Hohlkugeln damit verschließen. Die Trüffel mit der restlichen Kuvertüre überziehen. Mit Kakaopulver bestäuben.

Eine Kreation der Pralinen-Manufactur Josef Große-Bölting e.K.
46414 Rhede, Nordrhein-Westfalen

Zutaten für 60 Stück

2 EL schwarzer Tee

200 g Sahne

60 ml Rum

15 Körner Kardamom, zerstoßen

250 g Bitterkuvertüre

315 g Vollmilchkuvertüre

Außerdem:

40 Zartbitter-Hohlkugeln

etwa 600 g Bitterkuvertüre

Kakaopulver

Zubereitungszeit:
1 Stunde

Ruhezeit:
3 Stunden

Haltbarkeit:
14 Tage

Gewürz-Pralinen

Zutaten für 150 Stück

550 g Sahne

25 g grüner Tee (Teeblätter)

25 g Earl-Grey-Tee (Teeblätter)

40 g frische Minzeblätter

40 g Zimtstangen

40 g Ingwer

600 g Zartbitterkuvertüre

200 g Extrabitterkuvertüre

Außerdem:

etwa 1 kg Extrabitterkuvertüre

Kakaopulver

Zubereitungszeit:
1 Stunde

Ruhezeit:
24 Stunden

Haltbarkeit:
20–30 Tage

Zubereitung

1 Die Sahne zum Kochen bringen, die Teeblätter, Minzeblätter, Zimtstangen und den Ingwer zugeben und leise kochen lassen. Die gewürzte Sahne von der Kochstelle nehmen und passieren.

2 Beide Kuvertürensorten hacken, unter die Sahne rühren und die Masse etwa 1 Minute ruhen lassen. Anschließend von innen nach außen zu einer homogenen Masse verrühren. Bei 16 bis 18 °C 12 Stunden lang abkühlen lassen.

3 Die Masse im Wasserbad auf etwa 25 °C erwärmen und mit den Quirlen eines Rührgerätes geschmeidig rühren; bei Bedarf etwas nachwärmen. Die Masse in einen Spritzbeutel mit Lochtülle Nr. 8 füllen und auf eine mit Backpapier ausgelegte Unterlage rund dressieren. Die Pralinen 12 Stunden bei etwa 18 °C ruhen lassen.

4 Extrabittere Kuvertüre für den Überzug temperieren. Die Pralinen damit überziehen und in Kakaopulver wenden.

Info Extrabittere Kuvertüre trägt die Bezeichnung 73/27, da sie zu 73 % aus Kakaomasse und zu 27 % aus Zucker besteht. Sie ist damit noch bitterer als Zartbitterkuvertüre (60/40).

Eine Kreation von Johannes Storath, Confiserie Storath GmbH Pralinenmanufactur 96110 Schesslitz/Stuebig, Bayern

Himbeer-Frucht-Pralinen

Zutaten für 120 Stück

200 g Zartbitterkuvertüre

200 g Vollmilchkuvertüre

50 g Glukose-Fruktose-Sirup

250 g Himbeermark

75 g weiche Butter

Außerdem:

ca. 750 g Zartbitterkuvertüre

Blattgold, alternativ:
Schokostreusel

Zubereitungszeit:
1 Stunde

Ruhezeit:
mehrere Stunden

Haltbarkeit:
14 Tage

Zubereitung

1 Beide Kuvertürensorten klein hacken, im Wasserbad schmelzen. Die Kuvertürenmischung soll vor der Weiterverarbeitung 38 °C warm sein.

2 Unter die geschmolzene Kuvertüre den Sirup und die Hälfte des Himbeermarkes rühren, bis eine homogene Masse entstanden ist. Die Masse auf Zimmertemperatur abkühlen lassen.

3 Die Butter und das restliche Himbeermark unter die Masse rühren. Die so entstandene Ganache in einen mit Backpapier unterlegten Rahmen so streichen, dass eine Platte von etwa 1 Zentimeter Höhe entsteht. Die Creme bei 16 °C bis 18 °C erstarren lassen.

4 Zartbitterkuvertüre temperieren. Die Oberfläche der Platte mit einer dünnen Kuvertürenschicht bestreichen und diese erstarren lassen. Die Platte wenden und in 2 x 2 Zentimeter große Quadrate schneiden. Die so entstandenen Rohlinge in temperierte Kuvertüre tauchen und mit Blattgold verzieren.

Eine Kreation von Café Peters
59555 Lippstadt, Nordrhein-Westfalen

60

Limette-Sahne-Trüffel

Zutaten für 120 Stück

300 g Sahne

50 g Butter

40 g frisch gepresster Maracujasaft

40 g frisch gepresster Orangensaft

30 g frisch gepresster Limettensaft

480 g weiße Kuvertüre

20 g weißer Jamaica-Rum

Außerdem:

1 kg weiße Kuvertüre

Zubereitungszeit:
1 Stunde

Ruhezeit:
2 Stunden

Haltbarkeit:
30 Tage

Zubereitung

1 Die Sahne aufkochen. Die Butter klein würfeln und unter die Sahne rühren. Nacheinander Maracuja-, Orangen- und Limettensaft einrühren.

2 Die weiße Kuvertüre raspeln und in die warme Sahnemischung rühren, bis die Masse glatt ist. Den Rum zufügen. Die warme Masse zum Abkühlen in den Kühlschrank stellen.

3 Ein Blech mit Backpapier auslegen. Sobald die Masse fest ist, diese noch mal leicht durchrühren. Portionsweise in einen Spritzbeutel mit Lochtülle Nr. 11 füllen und kleine Häufchen auf das Backpapier spritzen. In den Kühlschrank stellen, bis sie fest sind.

4 Für den Überzug die weiße Kuvertüre grob hacken, im Wasserbad schmelzen und auf 27 °C bis 28 °C temperieren. Die Rohlinge mit der temperierten Kuvertüre in der Hand rollen, absetzen und erstarren lassen. Diesen Vorgang zwei- bis dreimal durchführen, damit jeder Pralinenkörper einen schönen Kuvertüremantel erhält.

Eine Kreation von Walter Imping, Confiserie Imping
48691 Vreden, Nordrhein-Westfalen

Register

Rezepte

Impressum

Hinweis
Die Ratschläge in diesem Buch sind von Autoren und Verlag sorgfältig erwogen und geprüft; dennoch kann eine Garantie nicht übernommen werden. Eine Haftung der Autoren bzw. des Verlags und dessen Beauftragten für Personen-, Sach- und Vermögensschäden ist ausgeschlossen.

Bildnachweis
Fotografie: Maja Smend
Foodstyling: Kim Morphew

Redaktionsleitung Susanne Kirstein
Redaktion Dr. Ute Paul-Prößler
Bildredaktion Elisabeth Franz
Umschlaggestaltung Reinhard Soll
Layout Jan-Dirk Hansen
Satz / Projektrealisation Andreas Rimmelspacher
Reproduktion PrePrint-Produktion Zoran Dietner, München
Druck und Verarbeitung Mohn media Mohndruck GmbH, Gütersloh
Printed in Germany

FSC
Mix
Produktgruppe aus vorbildlich
bewirtschafteten Wäldern und
anderen kontrollierten Herkünften
Zert.-Nr. SGS-COC-1425
www.fsc.org
© 1996 Forest Stewardship Council

Verlagsgruppe Random House
FSC-DEU-0100

Das für dieses Buch verwendete FSC-zertifizierte Papier *Profisilk* wurde produziert von Sappi Alfeld und geliefert durch die IGEPA.

ISBN: 978-3-517-08520-3

579083710408X817 2635 4453 6271

Pralinenclub® – Mein süßes Leben!
Für Liebhaber exklusiver Pralinenspezialitäten aus den Häusern bester Meister-Chocolatiers. Jeden Monat präsentiert der Pralinenclub® eine neue Kollektion von feinsten Pralinés aus der handwerklichen Pralinenwelt. Genießen Sie köstlich-frische Pralinés und verleihen Sie den Spezialitäten Ihre Geschmacksnoten.

Weitere Informationen finden Sie unter
www.pralinenclub.de
oder telefonisch unter 0 28 72 - 94 81 10

Pralinenclub®
Altrheder Kamp 31
46414 Rhede

Die Fotografin
Die Fotografin Maja Smend ist in Deutschland geboren, begann jedoch gleich nach ihrem Studium am »College of Arts and Design« in Plymouth für namhafte Auftraggeber in England zu arbeiten und lebt heute in London.
Maja Smend hat für zahlreiche Werbe- sowie Buch- und Zeitschriftenproduktionen im In- und Ausland die Fotografie gestaltet. Mit ihren Bildern gelingt es ihr, die sinnlichen Reize der Speisen ästhetisch und künstlerisch perfekt und lebhaft umzusetzen.

Bezugsquellen
Hohlkugel Endverbraucher-Versand
Bos Food GmbH
Grünstraße 24c
40667 Meerbusch
Telefon: 0 21 32 - 139 0
www.bos-food.de